인간에 대한 예의

인간에 대한 예의

초판 1쇄 발행 · 2022년 2월 28일
초판 2쇄 발행 · 2023년 5월 5일

지은이 · 주병권
펴낸이 · 이윤희, 주지원, 석준희

발 행 처 · 항금리 문학
출판등록 · 제2021-000032호

주소 · 경기도 양평군 강하면 항금리 231-5
서울사무소 02) 3290-3237, alwaysnow231@gmail.com
ⓒ 2022. 항금리 문학, Printed in Korea

정가 10,000원
ISBN 979-11-977768-1-6

* 저자와의 상의하에 인지는 생략합니다.
* 판매수익금 전액은 사회복지기관 및 시설에 기부됩니다.

항금리 문학 창간호

인간에 대한 예의

주병권 시 모음 1집

항금리 문학

항금리 가는 길

항금리 문학 창간호입니다

우정 시집, 1집에서 5집까지, 500여 편의 시들 중에서
'사람과 자연을 위한 예의'
배려, 위로와 격려, 추억과 희망 그리고 풍경을 추렸습니다.

겨울을 지나 봄이 오듯이
희망과 꿈이 움트는 밀알이 되기를 기원합니다.

영원한 응원 부대, 딸아이와
곁의 고운 벗들에게 감사를 전합니다.

2022년 2월
강하 항금리에서

· 차 례 ·

항금리 가는 길 · 5

가을 세일 · 12
가을 하늘 · 13
가을 학습 · 14
강과 구름과 바람과 시간 · 15
강 · 16
검정 고무신 · 18
겨울 나무 · 19
결투 · 20
계절 도둑 · 21
고마움에 관하여 · 22
고백 · 24
골목길 · 25
공중전화 · 26
국민학교 추억 · 27
귀향 · 28
그 날 · 29
그것만이 내 세상 · 30
급한 일 · 31
기차 소리 · 32
꽃과 나누는 이야기 · 34
나는 변하지 않았네 · 36
나무 · 38
낭비 · 39
내 나이 예순이 되어가니 · 40

· 차 례 ·

동문서답 · 42
동네 마트에서 · 44
두물머리 · 45
들꽃 · 46
들판에서 · 47
떠나는 풍경 · 48
마음 아픈 일이 생겨도 · 49
막걸리 따는 법 · 50
매미 · 52
맥스웰 방정식―부부 · 53
멀리 보이는 강 · 54
멀리 · 55
명예 · 56
모과 · 57
모친 · 58
무궁화 기차 · 59
바람소리뿐 · 60
반성 · 61
배려 · 62
벗 · 63
벗들과 밤길을 거닐며 · 64
벚꽃 날리는 날에 · 65
병상에서의 상념 · 66
보이지 않는 사랑 · 68
봄꽃 · 69
봄의 들판에는 징검다리를 · 70

· 차 례 ·

북해도에서 · 71
블루 · 72
비 오는 날의 수채화 · 73
사람이 꽃보다 아름다워 · 74
사랑 1 · 75
사랑 2 · 76
산보 · 77
사립문을 열며 · 78
살며, 사랑하며 · 80
삶 · 81
서해안 · 82
세상사 · 83
손짓 · 84
솔로의 만찬 · 85
수국 · 86
숲길에서의 사색 · 87
시간 마실 · 88
시간이 지나가면 · 89
십자가 길을 걸으며 · 90
아름다운 것들 · 92
아버지의 편지 · 93
아카시아꽃 · 94
안부 · 95
야간 수업 가는 길 · 96
양자산에서 · 97
어느 날의 봄 · 98

· 차 례 ·

어차피 내 편이잖아 · 99
옛 생각 · 100
오늘 일정 · 101
오래된 기억 · 102
와인을 누이며 · 103
우정에 관하여 · 104
이제야 알았네 · 106
인사동에 가면 · 107
자작나무 숲으로 가면 · 108
잡초의 화분 · 109
저녁에 · 110
제주 돌담 · 111
주민으로 등록한 날 · 112
차창가에서 · 113
초저녁 달에게 · 114
테헤란로에 내리는 눈 · 115
친구 · 116
파도의 길을 떠난 제자들에게 · 118
하늘 푸르른 날에는 · 120
투명한 사람 · 122
한 줌 바람이 커튼을 흔들면 · 123
항금리 첫눈 · 124
햇빛과 그림자 · 125
행복 · 126
향수 · 127

양평 강하면 항금리
'항금리문학'을 열었습니다.

30여년의 세월을 앞만 보고 살아온 부부가
곁에 있던 서로를 봅니다.
그리고 함께 앞을 보며 걸어갑니다.
'문학과 출판'이라는 희망을 향하여

가을 세일

목련나무에서 은행나무에서
금화들이 한 닢씩 떨어져 쌓인다
금화들을 모두 그러모으면
가을이 진열해 놓은 선물들을
얼마나 살 수 있을까

사계절의 꿈, 후회와 희망
추억과 애수, 떠나는 모습까지
모두를 예쁘게 포장을 하여
두고 간 인연들에게 선물하면
가을의 진열장은 텅 비어질까

가을 하늘

가을 하늘을 보면 모두가 넓은 마음
구겨졌던 마음도 축축했던 마음도
넓게 펼쳐진다

가을 하늘을 보면 모두가 높은 꿈
멈추었던 꿈도 무너졌던 꿈도
높이 솟아오른다

가을 하늘을 보면 파란 마음 파란 꿈
녹색 농촌도 회색 도시도
파랗게 물들어 간다

가을 학습

하늘은 눈부실 때
멀어지는 법을 알고

단풍은 화려할 때
내려오는 법을 알고

강과 구름과 바람과 시간

강
산과 들에 순응하며 고요히 흐른다
멀리서 다가오고 멀리로 떠난다
강가에 서면 삶과 인생이 보인다

구름
느릿느릿 자유로이 떠돈다
멀리 떨어져서 넓게 바라본다
그렇게 살아가고 싶다

바람
드러나지 않게 움직인다
꽃과 풀과 나무에게 율동을 준다
그렇게 소중한 것들에게 다가가고 싶다

시간
꾸준히 변함없이 흐른다
슬픔은 망각, 기쁨은 추억과 희망으로 온다
삶의 사연들, 시간에 의지한다

강

나는 강이 좋다
그래서 강가에 살고 싶다

작은 물길들이
모여 모여 만들어지고
흐르고 흐르다
바다로 이어지는 강
그래서 강은
시작도 끝도 없이 흐른다

계곡의 소리가 없고
바다의 파도가 없는 강
그래서 강은
고요하게 흐른다

산을 만나면 구비를 돌고
물을 만나면 어우러지는 강
그래서 강은
순응하며 흐른다

구름인 듯

바람인 듯
시간인 듯 흘러가는 강

나는 강이 좋다
그래서 강이 되고 싶다

검정 고무신

달리기에는 양 손에 쥐고
목을 축이려 물도 담고
물을 채워 송사리도 넣고
벌을 낚아채어 빙빙 돌리고
밤을 따려 높이 던지고
트럭으로 접어 흙도 나르고

영 할 일이 없으면 신었다

겨울나무

꽃도 지우고 잎도 내리고
저토록 비우려는 자아
저 고귀한 무소유

겹겹이 두르고 몸을 감싸고
이토록 채우려는 욕망
이 초라한 소유

결투

옛날 서부영화의 결투에서는
총을 먼저 뽑는 이가 이겼지만

지금 현대의 경쟁에서는
감정을 먼저 뽑는 이가 진다

계절 도둑

봄의 꽃향기, 제때 느끼지 않으면
여름이 다 가져가고

여름의 그늘, 제때 쉬지 않으면
가을이 다 가져가고

가을의 오솔길, 제때 걷지 않으면
겨울이 다 가져가고

겨울의 하얀 눈, 제때 즐기지 않으면
봄이 다 가져가고

고마움에 관하여

반평생을 넘도록 살아보니
세상에 빚진 일들이 참으로 많네
눈을 감고 잠시만 돌이켜봐도
축복을 주신 고마운 이들이여

어머니 나를 낳으셨고
아버지 나를 키우셨고
스승은 가르침을 주셨고
아내와 딸아이는 부족한 내게
끝도 없는 사랑을 주었네
친구와 동료와 이웃들이 있어
삶을 무난히 꾸려갈 수 있었네

이름 모를 농부 덕분에
즐거운 밥상을 맞이하였고
계절 과일을 먹을 수 있었으며
먼 바닷가의 어부는
식탁에 신선한 해산물을 놓아주었네
얼굴도 모르는 직공이
따스한 의복을 보냈으며
만난 적 없는 목공이
책을 읽을 책상을 만들어 주었네

몸이 아플 때는
의사 선생님이
마음이 아플 때는
산사의 스님
성당의 신부님이 어깨를 빌려 주셨네

앞에 보이는
시내버스의 기사님 덕분에
차창가에 앉아
이렇게 글을 쓸 수 있으며
즐거움을 주는 화원 아저씨 덕에
장미 화분을 들고 가네

고마운 이들이 보낸 축복이
삶을 이토록 행복으로 채우네

남은 반평생
세상의 빚을 소박하나마 갚아야겠네
나를 필요한 곳으로 찾아가는 일
세상을 향한 나의 우정이네

고백

어릴 적
읍내에서 돌아오는 길에
아버지는
울 삼남매보다
늘 열 걸음쯤 뒤에 오셨다

뛰다가
앉아 놀다가
꽃을 볼 때도
나비를 좇을 때도
불현듯 뒤돌아보면

아버지는
늘 열 걸음쯤 뒤에 계셨다
옅은 웃음과 함께
나도 그대에게
그런 사람이고 싶다

골목길

꽃길에서는 향기가 오듯
골목길에서는 정감이 오네

한바탕 웃음과 허허로운 푸념
끈끈한 땀과 맘 깊은 눈물까지
오랜 세월 섞이고 버무려진
비릿하고도 정겨운 길

하루 넘기는 게 다 그런 거지
사람 사는 게 다 그런 거지

산길에서는 바람소리가 오듯
골목길에서는 옛 이야기가 오네

공중전화

여보세요
어디로 갔나요?

모바일 기기들을 따라서
모두들 연기처럼 사라졌어요

까치발로 동전을 넣고
'엄마'를 부르던 아이도
눈 내리는 부스 밖을 보며
그리움을 전하던 소녀도
전화번호부 책을 서둘러 넘기던
거친 손등의 아저씨도

혼자만의 이야기를 찾아서
모두들 연기처럼 사라졌어요

여보세요
누구 없나요?

국민학교 추억

우리는 즐거웠지
교실에서 유리창 너머로
맑은 웃음이 퍼져나가던 날

웃음 다발이
넓은 운동장을 가로질러
플라타너스 이파리에 맺히던 날

잎을 떠난 바람이
타지 않는 그네와
태극기를 높이 흔들던 날

깃발의 일렁임이
이승복 어린이 동상에
햇살 무늬를 만들던 날

햇살이 창으로 들어와
상고머리 위에 반짝이던 날
우리는 즐거웠지

귀향

기차가 지나는 곳은 어디나 고향이다
지난 해 코스모스 철길 가에 흔들리고
가을은 길손마냥 우리를 찾는데
반겨 맞는 얼굴에는 주름이 늘었구나

재회의 잔 석별의 잔 비우고 채우니
웃음인지 울음인지 정겨운 표정이여
그대여 서러워마라 세월은 흐르는 것
인생의 쓴맛도 되씹을수록 단맛인 것

앞산은 다가오고 냇물은 흘러가고
다가오면 떠나고 흘러가면 돌아오니
인연도 맺음보다 끊는 것이 어렵더라
칡넝쿨 산 오르듯 질기도록 살아보자

그 날

그날, 돌이킬수록 채색되는 날

그날의 아득한 웃음은
창가에 초콜릿 빛으로 머무르는데
얼마나 더 아름다워야
그날이 되어 웃을 수 있나

잊으려 할수록
빛은 커튼을 밀며 더욱 깊이 들어와
그날의 정물
그날의 모습에 색을 칠하고

창밖, 아득한 그날은
창가 테이블로 세팅되어
그리운 정물로
그리운 모습으로 나를 부른다

그것만이 내 세상

'그래 아마 난 세상을 모르나봐
혼자 이렇게 먼 길을 떠났나봐'

얼마나 더 멀어져야 세상을 알 수 있을까
길을 떠날 때도 모르던 세상이었고
멀어질수록 세상은 더욱 모르게 다가왔다
살아온 길, '그것만이 내 세상'일까
살아갈 길, '그것이 나만의 세상'일까

굽어오던 바로 오던, 예까지 온 인생길
작별과 후회만큼 인연도 의미도 있었다
가을 들녘에 멈추어 숨을 고르며
걸어온 길 가야 할 길을 바라보는데
동행하여 온 계절은 앞장을 서고 있다

너무 멀리 와서 돌아가기에는 늦은 걸까
먼 길은 더욱 먼 길이 되어가는데
다시 또 길을 찾아 떠나야만 한다
이십대 시절, 되뇌던 들국화의 노랫말
육십대가 되어 어렴풋이 다가오고 있다

급한 일

급한 일은 없다

식솔들 춥기 전
아궁이 불 때는 것

어버이 떠나기 전
섬기기 잘하는 것

두 가지 말고는

기차 소리

1970년 무렵, 오전 수업만 있는 날
우리는 못 몇 개씩을 필통에 넣고
내를 건너고 고개를 넘어
기차가 지나는 마을로 갔다

철길에 가만히 귀를 대고 있으면
멀리서 기차가 오는 소리가 들리고
못들을 철로 위에 가지런히 놓아 두면
기차가 지나고 난 후
납작하게 눌려
적당히 날이 선 작은 칼들이 된다

우리는 다가오는 기차에 맘이 설레었고
멀어져 가는 기차의 뒷모습을 보며
가보지 못한 곳을 떠올렸다

지금도 기차 소리가 들리면
괜스레 맘이 설레고
멀어져 가는 기차의 뒷모습을 바라보면
슬픈 그리움이 된다

2013년 봄, 금속의 열팽창 특성을
여름과 겨울의 철로 길이의 변화

철로 이음매에 틈이 있는 이유로 설명하며
불현듯 바라보는 유리창 밖에서는
기차 소리가 들려오고
떨어지는 목련 꽃잎들 사이로
어린 시절의 기차가 지나고 있다

꽃과 나누는 이야기

자연은 이야기를 꽃으로 전한다
뿌리 아래 깊숙한 어둠으로부터
어젯밤의 별빛, 새벽의 이슬 이야기까지
바람 차가운 날 씨앗으로 떨어져
아래의 어둠, 위의 빛으로 나고 자라서
줄기를 세우고 잎을 열고
꽃으로 피어난 세월 이야기까지

인간사 오감에서
보아서 얻는 소식이 대부분이고
향기까지 더해지니
꽃이 전하는 이야깃거리가 넘친다
땅 아래 지하수, 하늘 위 은하수
깊은 이야기를 두레박으로 건져 올려
형형색색 아름다움으로 펼쳐 놓는다

땅으로 낙하한 무수한 씨앗에서
생을 부여잡고 피어난 의지
지하수 아래, 은하수 위의 이야기들
색깔과 향기만큼이나 서로 다른
아기자기하고 구구절절한 사연들
더 없는 아름다움으로 피기 위해
겪어야 했던 슬프고도 모진 사연들

오늘도 봄볕 아래에서
꽃들과 마주보며 이야기를 나눈다
빛으로 향기로 바람으로 전하는 말
꽃 그늘 아래 꽃으로 머물고 싶다
삶의 희로애락을 꽃처럼 엮어간다면
언젠가는 한 송이 꽃으로 필 수 있을까
속삭이듯 꽃들에게 묻고 있다

나는 변하지 않았네

나는 변하지 않았네
40년 전, 소년일 적에도
모범생은 아니라고들 하였을 뿐

나는 변하지 않았네
30년 전, 청년일 적에도
철이 들지 않았다고들 하였을 뿐

나는 변하지 않았네
20년 전, 장년일 적에도
어른은 멀었다고들 하였을 뿐

나는 변하지 않았네
10년 전, 중년일 적에도
세상을 모른다고들 하였을 뿐

나는 변하지 않았네
중년을 훌쩍 넘어서는데
중년의 품격이 없다고들 할 뿐

여태껏 모르고 살아왔네
세상과 시간이 변하면
나도 따라 변해야 한다는 것을

나는 변하지 않을 것이네
여태껏 삶이 아름다웠으니
여전히 삶은 아름다울 테니

나무

삶의 혼돈이 밀려올 때
나무 아래에 서라

침묵으로 곧게 서서
비 한 줄기
빛 한 자락에
감사하며

그늘이 되고
결실이 되는
나무

나무만큼은 살고 있는지
스스로에게 물어보라

낭비

갓 구운 빵
진하게 내린 커피

하루치 행복을
아침에 모두 쓰고 말았습니다

내 나이 예순이 되어가니

내 나이 예순이 되어가니
몸이 마음을 못 따라가더라

주름이 생겨
어떤 인상을 써도
별반 차이가 나지 않더라

노안이 와서
큰 일도 닥칠 일도
작게 멀리 보이더라

관절이 굳어져
서두를 일도
천천히 하게 되더라

어깨가 굽어져
높은 곳보다는
낮은 곳을 보게 되더라

기력이 떨어져
날이 선 승부보다는
타협을 하게 되더라

감각이 무뎌져
기쁜 일에 웃고
슬픈 일에도 헛웃음을 짓더라

내 나이 예순이 되어가니
세상살이가 참 편해지더라

동문서답

어떤 과학자가 될까요?

아이들이 눈을
동그랗게 뜨고 물을 때, 나는
조국과 민족을 위해
위대한 과학자가 되라고
답을 하지는 않지

작은 일도 즐겁게 하라고
떨어지는 낙엽
길을 잃은 강아지를
살펴볼 줄 아는 과학자가 되라고
대답을 하지

어떤 분야를 할까요?

아이들이 눈을
더 동그랗게 뜨고 물을 때, 나는
돈과 명예를 위해
전망이 밝은 일을 하라고
답을 하지는 않지

좋아하는 일을 하라고

좋으면 열심히 하게 되고
열심히 하면 잘하게 되니
돈과 명예는 절로 따라온다고
대답을 하지

어떻게 살아갈까요?

아이들이 눈을
아주 동그랗게 뜨고 물을 때, 나는
건강과 행복을 위해
최선을 다해 살아가라고
답을 하지는 않지

살아가면서 자신을 놓지 말라고
어린 날의 순수함
젊은 날의 정의로움을
꼭 붙들고 가라고
대답을 하지

동네 마트에서

아내를 따라간 동네 마트에서
할머니가 혼자 옛날 과자 꾸러미를
플라스틱 바구니에 담고 계셨는데
딸이랑 마트 직원이랑 급히 오더니
과자들을 다시 진열장으로 옮기네

옆에서 물끄러미 바라보는 나에게
노인네가 치매래요 설명을 하는데
노천명의 사슴인가 슬픈 눈동자여
할머니의 생각은 오늘 너머로 떠나
가슴에 품던 옛 추억을 따라가셨네

두물머리

두 개의 큰 물줄기가
머리를 맞대는 곳
남한강과 북한강이 만나
한강으로 하나가 되는 곳
서로 다른 곳에서 발원하여
유구장장, 수백 리 물길을
제각기 흘러온 물줄기들이
작은 소리도 흔들림도 없이
서로를 품어가고 있다
두물머리에 서면
포용의 아름다움이 보인다

한 줄기 냇물이라도
고요히 품어본 적이 있었던가
작은 움직임이 다가올 때
잃을 것이 두려워
뒷걸음치지 않았던가
나를 향한 이들에게
선뜻 가슴을 내어주지 못하였고
내가 향할 이들에게
선뜻 손을 내밀지 못하였다
두물머리에서
포용의 미덕을 배우고 있다

들꽃

장미는
한 송이로도 아름답지만
들꽃은
흐트러져야 아름답다

들에서
비에 젖고 바람에 흔들려
헝클어져서 아름다운 꽃
시련을 겪어
그 흉터로 아름다운 꽃

기쁨도 슬픔도 외로움도
두려워 마라

희로애락이 섞여
흐트러지고 헝클어질 때
인생은 들꽃으로 아름다울 테니

들판에서

한 점 바람에도 춤추는 잎새처럼
한 조각 햇살에도 밝게 웃는 들꽃처럼
한 줌 흙에도 넉넉한 들풀처럼
한 방울 이슬에도 고개 숙인 풀잎처럼

살아가게 하소서

떠나는 풍경

하염없이 빈 철길을 바라본다고
기차가 돌아오는 것은 아니다
하늘의 빛깔도 흔들리는 꽃잎도
다시는 만날 수 없을는지도 모른다
흐르는 강물도 돌아올 수 없다

마주치는 모든 것들은 작별
작별의 순간과 떠나는 무리 속에서
나도 떠나고 있다. 인사도 없이
터벅터벅 어디론가 떠나고 있다
동반하는 시간마저도 떠나고 있다

마음 아픈 일이 생겨도

마음 아픈 일이 생겨도
하루면 된다
익숙한 웃음과 벗들이 있으니

더 마음 아픈 일이 생겨도
한 달이면 된다
살아온 경험과 노하우가 있으니

많이 마음 아픈 일이 생겨도
일 년이면 된다
이 일 저 일에 치여 잊혀지니

아주 많이 마음 아픈 일이 생겨도
십 년이면 된다
다른 아픔이 그 아픔을 덮으니

죽도록 마음 아픈 일이 생겨도
이승이면 된다
저승까지는 아픔이 못 따라오니

막걸리 따는 법

막걸리를 따는 법에는
여러 가지가 있지

첫 번째는 그냥 따서
위쪽 맑은 술부터
아래쪽 앙금까지
변하는 맛을 보는 거야
어차피 인생의 맛은
살아갈수록 변해가니

두 번째는 마개를 잡고
위 아래를 유지한 채로
휘휘 몇 바퀴를 돌리면 되지
어차피 인생이란
돌고 도는 것이니

세 번째는 흔들고 나서
두 번쯤 길게
병 모가지를 죄면 되지
어차피 인생이란
숨막힐 때도 있어야 하니

네 번째는 흔들고 나서

숟가락으로
병의 대가리를
열댓 번쯤 때리면 되지
어차피 인생이란
맞으면서 가는 거야

다섯 번째는 흔들고 나서
그냥 따는 거야
넘치면서 퍼지는
막걸리에 몸을 적시며
어차피 삶의 맛은
눈물 젖을 때 최고이니

매미

10년을 침묵 속에 살다가
열흘을 울부짖고 가는 매미

60년을 울부짖고 살아온 나는
며칠을 침묵할 수 있었을까

맥스웰 방정식 — 부부

180도가 다른 커플이
90도는 서로 양보하며
앞으로 나아가는 삶

수시로 어긋나더라도
중심은 변하지 않고
좌우로 흔들리더라도
언제나 복귀하는 삶

너의 존재가
나의 존재 이유가 되고
나의 존재가
너의 존재 이유가 되는 삶

세상의 어둠을 비추는
약한 빛이라도 되고
소외된 이들을 받치는
작은 힘이라도 되는 삶

서로 다른 두 인생이
하나임을 깨닫고
어우러져 살아가는 삶

멀리 보이는 강

멀리서 강을 본다
강은 흐르고 고요하다

우리 사랑도 멀리서 보자
바람에 흔들리는 잔물결보다
소리없이 깊게 흐르는 강을 보자

그리고 오래 오래 흐르자

강 위에 밤이 오고
계절이 바뀌더라도

흐름에 끊임이 없고
방향이 바뀌지 않는
깊은 강 같은 사랑을 하자

멀리

가까이보다
멀리 보고 싶어요
가까이 있는 이가
마음을 아프게 하면
멀리 그가 걸어온 길을 보며
넓게 이해하고 싶어요

가까이보다
멀리 보고 싶어요
지금 이 순간이
어렵고 힘이 들면
멀리 내가 가야할 길을 보며
넓게 생각하고 싶어요

명예

남들이
오르지 못한 나무의
열매를 따는 것이 아니라

그 열매를
나무 아래의 이들에게
나누어 주는 것이다

모과

사람을 만나면
얼굴에서
살아온 모습이 보인다

오랜만에 만난 벗

주름은 늘었어도
삶의 향기가 더없이 곱도록
삶의 의지가 더없이 크도록

선하게도
열심히도
아름답게 살아왔구나

모과처럼

모친

오랜만에 모친이 오셨다

한 손에는 세월을
다른 한 손에는 보따리를 들고 오셨다

세월을 건네 받으려 했더니
보따리를 내려놓으신다

잠시 머물다 떠나신다

한 손에는 세월을
다른 한 손에는 긴 한숨을 들고 가신다

무궁화 기차

그나마
기차답게 가는 기차는
무궁화뿐인 듯

칙칙폭폭 느리게
커튼도 열고 닫고
작은 역들도 지나고

창가에 앉으면
풍경은 책장인 듯
편히 넘어가고

깜빡 잠도 들고
깨어서 책도 읽고
참, 기차답게 간다

바람소리뿐

들창 밖에 가을이 오는 소리
담쟁이 이파리들이 흔들리는 소리
그 쓸쓸함이 그리워 창 너머를 보면
그저 바람소리뿐

아버지가 싸리비로 마당을 쓰는 소리
어머니가 저녁 무렵 키질하는 소리
고향이 들리는 듯 창 너머를 보면
그저 바람소리뿐

시나는 바람 속에 담긴 소리를
계절이 가는 소리 고향이 오는 소리
그리워 허공으로 귀를 기울이면
그저 바람소리뿐

반 성

해는
저물어 가며
얼굴을 붉히는데

사람은
늙어가며
부끄러움을 잊네

배려

누구나 한 시절
화려한 날들이 있었겠지요
괴로울 때 좌절할 때
그날의 기억만으로도 위안이 되는
그런 날들이
마음속 훈장으로 빛나는
그런 날들이

그날은 그날일 뿐
화려한 날들이 지나면
기꺼이 물러서야 합니다
어느 정거장에서
다음 승객을 위해 자리를 내어주듯이
누군가의 화려함을 위한
배려가 되어야 합니다

꽃으로만 살아갈 수 있는 나무가
어디 있겠습니까
잎과 줄기, 그리고
어둠 속의 뿌리
누군가
뒤를 이어올 빛을 위한
따뜻한 어둠이어야 합니다

벗

말같지 않을 이야기를 나눌
벗 하나 있으면 좋겠다
기억나지 않을 이야기를 나눌
벗 하나 있으면 좋겠다

원초적 본능인 희로애락을
목욕탕에서 묵은 때를 벗기듯
속 시원히 털어낼 수 있는
벗 하나 있으면 좋겠다

위로도 공감도 아닌
그저 고개만 끄덕여 주는
가끔 헛웃음으로 웃어넘기는
벗 하나 있으면 좋겠다

계절에 한 번쯤 우연으로 만나
그냥 그 시간 동안은 진솔한
돌아서면 각자 열심히 살아갈
그런 벗 하나 있으면 좋겠다

벗들과 밤길을 거닐며

길 없는 들판은 어디나 길이 되고
바람이 가는 곳을 따라가면 집이 된다
모닥불에서 피어 오른 불꽃들은
검은 밤을 수놓는 별무리로 떠오르고
한잔 술에 흥겨운 우리들의 이야기는
깊은 산에 알알이 머루들로 열린다

무슨 이야기를 나누든 웃음이 되고
발길을 어디로 돌리든 길은 집으로 향한다
바람은 지친 우리를 안고 길을 나서고
구름에 가린 달은 수줍은 듯 얼굴을 내미는데
우리는 초가집 지붕 위
하얀 박꽃 같은 웃음을 밤새워 웃는다

벚꽃 날리는 날에

봄에 내리는 눈은
벚꽃잎들이 되어 바람에 날리고
가을에 내리는 눈은
메밀꽃이 되어 흙 위에 쌓인다

편린이 되어
부서지고 흩날리고 쌓이는 풍경이 좋다

하나의 정물이 되어
화려한 날 뒤에 잊혀져 가기보다는
무수한 조각들이 되어
오래도록 흩날리고 소리없이 쌓이고 싶다

크게 비추는 둥근 달보다는
둘레를 잔잔히 흐르는 달무리이고 싶다

벚꽃잎들이
햇살 아래 부서져 흩날리고
소리없이 내려앉아 벚나무 둘레에 쌓이듯이
바람이 되어 물결이 되어
그대 곁을 흐르고
그대의 둘레에 쌓여 오래도록 머무르고 싶다

병상에서의 상념

다가오는 병을 맞이하느라
병상에 누우면
일상의 번거로움은 잊혀져 가고
지나간 날들의 생채기가 다시 도진다

쓸쓸히 떠나간 이의 뒷모습과
사랑하는 이들이 겪은 아픔이 가슴을 누르고
이렇듯 눈을 감고
살아온 여정을 되돌아 보면
몸이 아픈 건지 마음이 아픈 건지 혼미해진다

창밖에는 봄비가 오듯이
눈이 녹아 흐르는 소리가 들려오고
곁자리에는 아지랑이라도 피어오르는 듯
막연한 따스함에 손길을 더듬어 본다

언제나 텅 빈 그 자리는
딛고 올라갈 층계참으로 채워졌고
이제는 그 길을
내려가야 할 때인가 보다

잘 딛고 올라간 발걸음이
잘 딛고 내려올 수 있을까

더 오르지 못하는 길을 뒤로 하고 내려오는 길
이제는 그 길을 돌아오며
서둘러 오르느라 미처 머물지 못하였던
작고 어두운 곳을 돌아보아야겠다

그 곳에서는
미처 찾지 못한 아름다움이 있을 것이고
혹은 지고 살아온 크고 작은 등짐들을
내려놓을 여유라도 찾을 수 있을 것이다

그 곳에서
쓸쓸히 떠나간 이와 마주할 수도 있을 것이고
행여나 사랑하는 이들이 겪은 아픔을
내 아픔과 함께 다독일 수도 있을 것이다

보이지 않는 사랑

사랑은 투명하여 보이지 않아
여러 모습으로 나타나네

웃음으로 눈물로
포옹으로 입맞춤으로
가까이서 오는 숨결로도
멀리서 오는 그리움으로도

사랑은 수줍어 하여 나서지 않아
여러 곳에 숨어 있네

눈동자에 가슴 속에
동화 속에 낙엽 아래에
가까이 머무는 바람결에도
밀리 떠가는 구름 위에도

사랑은 조용하여 소란하지 않아
작은 소리로 속삭이네

눈빛으로 손길로
현의 떨림으로 오르골 울림으로
가까이서 들리는 노래로도
멀리서 흐르는 메아리로도

봄꽃

사람 사는 마을에 봄꽃이 피면
사람들도 더불어 꽃을 닮는다

봄꽃이야 한철을 피고 지지만
꽃으로 한평생을 필 수 있을까

살다가 영영 떠나는 날에도
꽃처럼 곱게 질 수 있을까

하루를 피고 하루를 지더라도
언덕 위 봄꽃으로 피고 싶어라

봄의 들판에는 징검다리를

봄의 들판으로 갔네

들꽃 사이로 발을 놓으려니
작은 민들레가 앉아 있네
엉거주춤 맨땅을 딛으려니
아지랑이가 하늘거리네
발 디딜 곳을 찾지 못하고 있네

아! 봄의 들판에는
징검다리를 놓아야겠네

북해도에서

길,
길은 떠나기 위해 있는 줄로만 알았다
기다리는 곳도
돌아서는 곳도
길이었다

나무,
곧게 자라는 법을 알기에
그만큼의 땅, 그만큼의 하늘로도
넉넉한 것을

물,
낮은 곳을 향하는
겸허함이여
넓은 바다가 되는
위대함이여

언덕,
언덕만큼만 올라서
언덕만큼만 보며 살자

블루

블루 칼라의 블루는 고단함
블루 판타지의 블루는 신비
블루 먼데이의 블루는 우울
블루 프린트의 블루는 희망

그래서 블루는 인생의 빛깔

비 오는 날의 수채화

비 오는 날 당신이 오셨기에
작별 인사인 줄로 알았습니다
응접실 창가에 앉아
커피를 마시며 우리는
비를 이야기 하였습니다
빗방울은 닿는 곳에 따라
소리가 달라진다고
양철 지붕 위로 내리는 소리
풀잎에 떨어지는 소리
처마 밑으로 흐르는 소리

당신과 나누는 이야기들은
맑은 빗방울이 되어
가슴 안으로 떨어집니다
빗방울 소리는 맑게 울리며
'비오는 날의 수채화'
노래에 담겨 흐릅니다
겨울비 내리는 창가
창밖에는 봄이 옵니다
당신은 비 오는 날 오셔서
봄빛으로 내 마음을 채우십니다

사람이 꽃보다 아름다워

내 나이 30대
정지원의 시
'사람이 꽃보다 아름다워'를 읽었을 때
그 시를 좋아할 수는 있었지만
그 시를 인정할 수는 없었다
꽃을 가장 사랑하였던 나는

내 나이 40대
안치환의 노래
'사람이 꽃보다 아름다워'를 들었을 때
그 노래를 좋아할 수는 있었지만
그 노래를 믿을 수는 없었다
그래도 꽃을 더 사랑하였던 나는

내 나이 50대
세월이 빚은 얼굴
'꽃보다 아름다운 사람들'을 만났을 때
그 시와 그 노래를
인정하고 믿을 수밖에 없었다
항금리를 걷는 날에, 나는

사랑 1

젊은 패기에
앞길을 헤쳐가는 것이
사랑인 줄 알았다
네 앞에 서서 길을 만드는 것이
사랑인 줄 알았다

살아보니
뒤에서 지켜보는 것이
사랑이더라
네 뒤에 서서 쉴 곳을 주는 것이
사랑이더라

젊은 패기가
사랑이 아니었음을
뒤를 따르던 네가
지쳐서 주저앉은 후에야 알았다

사랑 2

살아가다가 이렇게
우연이라도 만나
네 눈물이
내 손등에 떨어질 때
그저
손을 잡아주면 되지
어깨를 안아주면 되지

구름을 안는 하늘
강을 품는 바다까지는
아니더라도

이슬을 안는 풀잎
나비를 품는 꽃잎으로도
행복하지

산 보

계절이 봄에서 여름으로 가는 날
양자산 중턱, 노닐다가 거닐다가
우연이 마주친 들꽃들 무리
물이 멈춘 계곡을 들꽃이 채운다

꽃이 되어 잡은 포즈는 어색한데
저기 먼 산들도 예를 보고 있을까
불어오는 바람이 숲의 웃음인 듯
한걸음 더 가는 길, 꽃이 또 핀다

즐거운 봄날은 녹음이 채우고
머지않아 낙엽 위를 눈이 덮으니
시간도 세월도 웃음 속에 지는 꽃
돌아서 보는 길에 흰구름이 온다

사립문을 열며

어릴 적
들과 산에 꽃피는 계절이 오면
아버지는 사립문을 활짝 열어 놓으셨다
'나가 놀아라' 하시고는
온종일 우리 삼남매를 찾지 않으셨다

이날만큼은
숙제도 없었고, 심부름도 없었고
하물며 밥 묵자는 말씀도 않으셨다

낮은 담장 밖
가까이 펼쳐진 들판
멀리 보이는 내와 얕은 산들은
하나 가득 우리들의 놀이터가 되었다

마당에는
까닭 없이 조는 강아지와
머리를 들지 않는 병아리들만 한가하고
툇마루에는
보자기 덮인 소반만 종일 우리를 기다리고

봄에 취하여,
검은 눈 휑하니

저녁놀 따라 돌아온 방안에는
삼남매에게 자리를 내어준
아지랑이만 가득 차 있었다

살며, 사랑하며

살며, 사랑하며
가까이 두는 것이
행복이 아님을 알게 됩니다
그리운 벗에게 편지 한 장이
만남보다 깊고
수화기 너머로 들려오는
어머니의 목소리가 정겹습니다
포근한 봄 바람보다
다소 스산한 겨울바람의
감촉이 좋으며
화사한 꽃보다
가을 나무의 단풍이 다가옵니다

먼 그대여
기다림보다
그리움이 더 애잔합니다
헤어짐보다
잊혀짐이 더 두렵습니다

살며, 사랑하며
멀리 깊어만 갑니다
눈 덮인 먼산의 적막처럼
얼어붙은 호수의 심연처럼

삶

삶은
행복과 불행이 어우러지는 것
불행이 행복을 덮는 날이 오더라도
그 위를 또 다른 행복으로 덮으며
잊은 채 살아가는 것

완전한 행복을 바라지 말자
영원한 생명을 구하는 것과
그 무모함이 다름 없을지니

다만
외롭고 힘겨운 날이 오더라도
묵묵히 참고 견디어 가면
또 다른 행복이 오리라는
희망을 가지고 살아가는 것

살다보면
행복도 불행도 어우러져서
여러 꽃들로 덮인 화단처럼
어우러짐 자체로 아름다우며
세월이 지나면 그리워질 터이니

서해안

서해안에 가면 어머니를 만나지

아궁이 불빛만이 환하던 부엌
눈물과 콧물을 닦아주던 앞치마
그 찝찔하고도 정겨운 내음, 바람

수도 없이 교차한 세월의 물결
세파에 젖어들고 다시 마르고
물도 뭍도 아니게 되어버린 사연, 뻘

숱한 한숨과 눈물로 가득 찬
당신만의 이야기, 남의 이야기인 듯
사연 너머로 제쳐둔 그 아득함, 바다

서해안에 가면 어머니를 만나지

세상사

세상사 뭐 있겠어

일한 만큼 놀고
번 만큼 쓰고
살 만큼 살면 되지

나만큼 너도
행복하면 되지

손짓

감기가 찾아온 날
가을의 오후

거리에서 부르는
플라타너스의 손짓을
애써 외면하고

산길에서 머물라 하는
단풍나무의 손짓을
겨우 뿌리치고

집에 당도한 날
시월의 오후

창가에서 불러내는
담쟁이 넝쿨의 손짓을
바라보는데

어떻게 할까
나갈까 말까

마음만 설레는 날
금요일 오후

솔로의 만찬

한 잔 받으시게
먼 길을 잘도 왔구먼

객기가 스프링으로 튀어도
멀리 벗어나지 않았고
살아가느라 고개를 숙여도
크게 비굴하지는 않았고
허우적거리며 가라앉아도
아주 잠수 타지는 않았고
우왕좌왕 좌충우돌 했어도
중앙선을 넘지는 않았고

이만큼이나마 왔으니
고비는 넘은 듯하네

한 잔 더 받으시게
갈 길이 남아 있으니

수국

이유는 모르겠습니다
어버이날, 화분을 보내드리러
화원을 들어섰는데
한 켠의 풍성한 꽃, 은은한 빛깔

저토록 큰 꽃송이들을
작은 체구로 어찌 지탱하고 섰는지
곱기보다는 안쓰러움이
먼저 떠올랐습니다

잎보다 꽃이 많아
받기보다 주어야만 하는
희생이 떠오르는 꽃
인고의 세월이 배어있는 꽃

이유는 모르겠습니다
왜 수국을 선뜻 들었는지
어머니가 이유를 아실 듯하였습니다
꽃이 알려줄 듯도 하였습니다

숲길에서의 사색

그저 살아볼 일이다.
잘살고 못사는 것은 오만일 뿐
불행이 있어야 행복이 있고
눈물이 있어야 웃음이 있다

거역을 모르는 나무도 비바람에 꺾이는데
만물의 영장이라 자칭하는 사람이 되어
꺾이지 않고 세파를 헤쳐갈 수 있으랴

작은 나무는 덤불을 이루고
높은 나무는 하늘을 향하듯이
두 발은 뿌리가 되어 땅을 딛고
두 팔은 가지가 되어 하늘을 안고

비바람에 흔들리는 나무 같은 인생
안고 부대끼며 더러는 원망도 하고
진한 눈물에 웃음을 말아 막걸리 잔을 기울이고
그리 살다가 홀로 집을 향하듯 돌아설 일이다

잔치가 끝난 뒤 바지춤을 추키며
붉은 눈으로 일어서는 황혼이 되는 날
그때까지는 그저 살아볼 일이다

시간 마실

'계세요' 부르면
누군가 맞이할까?

뒤란에 숨은
술래잡기 아이가
상고머리를
삐죽 내밀까

'게 뉘여'
허리 굽은 할머니가
콜록콜록 기침을 하며
방문을 열까

한적한 골목에는
햇살만 홀로 바쁘네

시간이 지나가면

잊을 때가 있다
시간은 지나가는 것을
눈물뿐인 슬픔을 겪을 때
절절히 끓는 작별을 할 때
우리는 잊는다
시간은 지나가는 것을

시간이 지나가면
슬픔도 아픔도
기억으로 미루어지고
시간이 더 멀리 지나가면
기억마저도
추억으로 물든다는 것을

십자가 길을 걸으며

나무 십자가 길을 걸으며
십자가를 지고 간 이를 생각합니다
그를 생각하며
이름모를 풀꽃까지도
위하고 사랑하리라 다짐합니다
아는 이보다는
모르는 이를 위해
찾은 곳보다는
찾지 못한 곳을 위해
선한 마음으로 살아가기를
십자가 그늘 아래
함께 피고 지는 루드베키아
빛과 바람 아래 출렁이며
거친 땅에서도 행복한 망초꽃 무리
그만큼의 은혜
그만큼의 공유로도 행복한 것을

성모 마리아여
오늘도 나는
가진 것은 미루어 두고
더 가질 것을 찾아 나서지는 않았는지요
얻기 위한 기도로
그대에게 집착하지는 않았는지요

저녁 어스름이 오면
밀려오는 반성과 참회
어둠을 밝히려
작은 촛불 하나 당신께 놓습니다

아름다운 것들

나는 알게 되었네
진정 아름다운 것들을

별이 뜨지 않는 밤
연주가 끝난 후의 풍금
열매를 내려놓은 나무
오래 입어 낡아진 옷
울퉁불퉁 오른 돌탑들
포장이 되지 않은 길

그리고
세월을 겪은 너의 웃음

아버지의 편지

예나 지금이나
익숙한 필체
아버지의 편지
읽기도 전에
마음이 시리고
눈물부터 고이네

조심 조심 살고
건강 챙기라는
아버지의 편지
읽는 글귀마다
살아오신 세월이
슬프게 스며 있네

예나 지금이나
익숙한 말씀
아버지의 편지
세월이 갈수록
한 줄 또 한 줄이
가슴을 저미네

아카시아꽃

하얀 물결 일렁이면
산기슭 아래 작은 초가집

고운 향기 밀려오면
들판 너머로 달리던 아이

그 이파리 손에 쥐면
어린 누이와 가위 바위 보

그 꽃송이 입에 물면
멀리서 웃는 그때 그 얼굴

안부

토요일 아침, 속을 풀러
단골 해장국 집에 들어섰는데
이 시간이면 오시던 노부부 커플
오늘은 할아버지만 혼자이시네
'어르신, 할머니는요?'
'지난 달에 먼저 보냈어'

할머니가 잘라주시던 깍두기
할아버지의 가위질이 서툴러 보여
'제가 해드릴까요?'
'괜찮아, 이제 연습을 해야지'

울컥 뭔가 자꾸만 목에 걸려
반도 채 못 뜨고 일어서는데
식사 후 물끄러미 앉아 계시는 모습
'모셔다 드릴까요?'
'아녀, 테레비 좀 보다 갈래'

할아버지 마음은 벌써
할머니가 없는 빈집을 들어서시네
숙취 해소하려다가
술 취하고 싶은 아침
'그럼 저 먼저 갑니다'
'그려, 운전 조심혀'

야간 수업 가는 길

낮의 인연과 사연들은
붉은 해처럼 산 너머로 가고
어둠이 내린 가로등 길에는
침묵만 덩그러니 남습니다

숱한 인연들을 생각하는 길
오늘 스쳐간 사연들
어제로 장식되는 이야기들이
강의 노트 귀퉁이에 빼곡합니다

멀고 가까운 여러 곳에서
사람들을 만나고 헤어지고
또 다른 이들을 만나러 가듯
생은 사연과 인연의 연속입니다

기다리는 이들을 향해 가는 길
주고 받을 이야기와 웃음들
어둠이 내리는 길의 끝에서
희망을 비추는 별빛입니다

양자산에서

산마루가 계곡으로 안개를 내리면
계곡은 산마루로 물소리를 올린다
밤새 내린 비, 빗방울은 잎에 맺히고
햇살이 잎을 스쳐 보석으로 빛난다
바람이 산골을 돌아 내게로 오는데
이곳인가, 그토록 그리웠던 곳이
무념무상으로 더 깊은 산길을 간다

어느 날의 봄

개구리도 새싹도 아지랑이도
쑥쑥 오르고
처마 끝에 걸린 고드름만
뚝뚝 떨어지고

얼음장도 꽃잎도 작은 들창도
활짝 열리고
툇마루에 누운 아버지 눈꺼풀만
꼭꼭 닫히고

어차피 내 편이잖아

젊은 날 경거망동에 바가지 긁으면 어때
어젯밤 취중 객기에 구박 좀 받으면 어때
어차피 평생을 갈 추억이잖아

아이돌이나 멜로 배우를 좋아하면 어때
요리조리 비교하며 약 좀 올리면 어때
어차피 평생을 내 편이잖아

삐쳐서 쌩하고 안방문을 닫으면 어때
며칠 동안 말 안하고 눈길도 안 주면 어때
어차피 평생을 함께 가잖아

옛 생각

시골길 버스는
구불구불
이 마을 저 마을

창밖의 풍경은
여기 저기
이 모습 저 모습

창가의 나는
흔들흔들
이 생각 저 생각

오늘 일정

약속을 하면 시간을 빚지고
고백을 하면 마음을 빚지고
빚을 지고는 갚지도 못하고
평생 허덕이다가 가는 인생

"나는 약속을 어긴 적이 없다
약속을 해본 적이 없으므로"

이렇게 살아가는 것도 방법
그런 대로 무난히 살아왔으니
세상 두 쪽 날 일이 아니라면
오늘의 일정은 오늘 아침에

오래된 기억

해 저무는 오후 낡은 회벽
천천히 움직이는 태엽 시계
오래된 액자 안의 지나간 얼굴들
멀어진 시간 속에서
그리운 기억으로 남아 있다

시간이 흘러내리는 벽
우리의 서글픈 웃음이
갈색 인화지 위에 남아 있을 때
해 저무는 들창 아래
누군가의 그리운 기억이 될까

짙은 커피향의 오후
힘겹게 돌아가는 음반에서는
기억만큼 오래된 음악이 흐른다

와인을 누이며

아는 이가 와인은 눕혀 보관하란다
코르크가 마르면 생명을 다한다고
와인을 길게 누이며
곁에 누워 보고픈 마음이 든다

삶의 대부분을
발은 땅을 딛고, 머리는 치켜들고 살아와
말라버린 코르크가 되어버린 뇌

바스러질 듯한 뇌의 틈을
가는 실핏줄들이 힘겹게 헤집는다
바위를 움켜쥐는 석란의 잔뿌리처럼

오늘부터라도 종종
와인처럼 길게 누워
마른 틈을 힘겹게 헤집는 실핏줄들에게
혈액이라도 공급하여야겠다

우정에 관하여

10대에는
훌륭한 사람이 좋았다
위인전 이야기를 온전히 믿었으며
존경 받는 사람이 되고 싶었다

20대에는
멋있는 사람이 좋았다
외모가 출중하거나 특별한 재능이 있는
뭔가 있어 보이는 사람이 부러웠다

30대에는
성공한 사람이 좋았다
좋은 자리에 있고 화려한 생활을 하는
그와 같이 되고자 노력하였다

40대에는
안정된 사람이 좋았다
편안한 위치에서 늘 한결같은 사람
그런 이들과의 만남이 즐거웠다

50대에는
매력 있는 사람이 좋다
나와는 많이 다른 세월을 살아온 이들

이야기를 나누면 책을 읽는 듯하다

60대가 되면
어떤 사람을 좋아할까
함께 어울려온 이들, 새로 만나는 이들
그들에게 나는 어떤 모습으로 설까

이제야 알았네

이제야 알았네
진정 아름다운 것들은
서두르지 못한다는 것을
손을 꼭 잡아도
돌아보면 결국은
놓치고야 말았다는 것을

이제야 알았네
진정 아름다운 것들은
다가오지 못한다는 것을
오던 길을 돌아
거슬러 가면 결국은
기다리고 있다는 것을

인사동에 가면

인사동에 가면
인사를 나누고 싶은 사람을 만난다

인사동에 가면
인사를 나누고 싶은 고향을 만난다

인사동에 가면
인사를 나누고 싶은 추억을 만난다

인사동에 가면
보도블록부터 옥상 꼭대기까지
마주보고 인사하고 싶은 풍경뿐이다

비가 내리고 눈이 쌓이고 바람이 불어도
마음속에는 해가 뜬다
인사동에 가면

자작나무 숲으로 가면

자작나무 숲으로 가면
흰머리에 조금은 창백한 얼굴이어야 해

숲과 어울리는 빛깔, 그 모습으로
한 켠에 기대어 앉아
자작자작 타는 가슴으로 살아온
세월 이야기를 나누어야 해

비바람에 시달린 날들
수도 없이 떨어진 잎새들의 노래
서럽도록 그리운 이야기들
떨어지고 뒹굴면서도
하늘을 향한 삶의 의지
우아하고 조연한 모습, 그 이야기늘

짙은 커피 한 잔으로
정원을 거니는 귀족, 자작이 되어야 해

잡초의 화분

3월, 빈 화분에
질 좋은 흙을 채워서
뜰 귀퉁이에 놓아 둔다

6월이 되면
이름 모를 꽃과 풀들이
자유로운 공간에 한껏 담긴다
볕과 바람이 잘 드는 곳
석반 위에 자리를 마련하면
싱그러움에 눈이 부시다

무엇이 잡초이고
무엇이 화초인가
인간의 우매한 감각으로
치장된 장식일 뿐
신은 모두를 사랑하였으리

우매한 감각
치장된 장식들로 채워진
삶의 화분도
비우고 비워서
볕과 바람 속에
놓아 두고 싶다. 가꿈 없이

저녁에

산 아래 마을에 날은 저물고
작은 들창마다 불을 켜는데
정겨운 풍경과 좋은 이웃들
동동주 한 잔에 나누는 우정

솔가지 바람에 새들은 울고
가을은 다가와 곁에 앉는데
마주치는 웃음 즐거운 덕담
동동주 두 잔에 달이 오른다

제주 돌담

바람이 센 제주
돌담이 건네는 말

울퉁불퉁 살아라
너무 모나지 말고
부딪는 바람을 나누어야지

빈틈도 보여라
너무 야무지지 말고
바람에게도 길을 내주어야지

힘들면 무너져라
너무 버티지 말고
다시 오르는 재미도 있어야지

주민으로 등록한 날

나 어릴 적에
오래 살지 못하는 아기들이 많아
반 년쯤 키워 보고
살아갈 듯하면 출생신고를 했다는데

우습기도 하지만
돌이켜보면 슬픈 이야기
오늘은 내 어머니가
내가 살아갈 듯하다고 판단하신 날

조마조마 아버지가
총총걸음 논둑길을 걸어
면사무소 문턱을 넘어
환한 웃음으로 출생신고를 하신 날

나 오늘, 진짜 생일 아니래여
주민으로 등록한 날이래여

차창가에서

느릿느릿
멀리로 가는 기차를 타고
느리게 사람들을 만나고
느리게 사계절을 볼 수 있다면

몸이 지치는 혼돈
맘을 다치는 갈등
멀리 사라져도 좋으련마는

멀리 보이는 세상
높이 보이는 하늘
가까이 다가와도 좋으련마는

서둘러 움직이고
숨가쁜 세상이라
사람도 계절도 스쳐 지나는
ktx 좁은 공간이 세상이 된다

초저녁 달에게

오늘 내 모습은
뭐가 다르던?
어깨가 좀 처졌니
허리가 다소 굽었니

지쳐서 그래
하루가 지나가면
일의 무게가
지친 몸을 눌러서

내일 출근 길에는
달라 보일 거야
생각을 잊고 나면
허리를 펴고 나면

너도 그러잖니
세월에 지치면
굽어졌다가
다시 돌아오잖니

테헤란로에 내리는 눈

테헤란로에 눈이 내리면
테헤란에도 눈이 내릴까
골목에 쪼그리고 앉은
까만 눈동자의 아이가
하얀 눈송이들을 보고 있을까

서울 테헤란로의 모퉁이
편의점 파라솔 아래에서
하얀 눈을 바라보고 있는
오십대 아저씨를 생각이나 할까

테헤란로에 눈이 내리면
테헤란의 좁은 뒷골목
언젠가는 꼭 만날 듯한
까만 눈동자의 아이가
하얗게 하얗게 그리워진다

친구

출근길
문득 안부가 궁금하여
친구 사무실에 들렀다

1년여 전 개업한 사무실은
그대로였고
보내 준 축하 화분만
훌쩍 커 있었다

대기업 임원으로
세계가 일터였던 그의 무대는
다섯 평 남짓 사무실
여직원 1명

수십 년간 습관처럼 던진 질문
'좀 어때?'
습관처럼 돌아오는 대답
'그럭저럭'

한때는
세계 반도체 경기가 그럭저럭
지금은
여직원 급여는 나오나 보다 그럭저럭

예순 아저씨의 레시피가 들어간
냉커피 한 잔
'언제 막걸리라도 하자'
습관이 된 인사말

혼자 내려가기도 좁은
계단을 내려오는데
뒷모습을 배웅하는
그의 얼굴이
잿빛 형광등 아래 슬프다

거리에는
비를 예고하는 바람이 분다

파도의 길을 떠난 제자들에게

꽃은 떨어지면 다시 피고
철새는 날아가면 다시 오지만
아이들은 떠나면 돌아오지 않고
파도 치는 세상으로 나아간다

파도의 길에서 그들보다 앞서
힘겨운 경쟁과 혼돈을 겪었기에
그들이 안아야만 할
상처와 고통의 우려가 크다

졸업까지는 성장이었고
그 성장된 힘과 노력으로
세상 어디에선가 외로이
파도를 마주하고 있으리라

선의의 경쟁만을 배웠지만
더 혹독한 경쟁도 있음을 느끼며
노력의 열매가 달지만은 않다는 것
최선만이 최선이 아니라는 것도
경험으로 깨닫고 있으리라

그들이 떠난 5월의 교정
그들의 꿈이 머물던 자리

함께 보낸 날들을 돌아보며
축복과 기원을 보낸다

파도 속을 헤매일 때에
별자리를 보고 길을 찾는 지혜로
바람에 맞춰 돛을 조절하는 어울림으로
지혜롭게 어울리며 살아가기를

성공은 무모한 도전이 아니라
실패하지 않는 지혜에 있음을
인생은 맞서 헤쳐가는 것이 아니라
어울리며 가는 것임을 기억하기를

하늘 푸르른 날에는

하늘 푸르른 날에는
그 빛을 등불 삼아
마음속 깊이
아래로 아래로
내려가 보자

이끼 낀 계단 아래
이제사 겨우
하늘빛 와 닿는
아득한 구석에는

눈물 자국 남은
어린 날의 내가
고개를 묻고 있을까
위를 보고 있을까

푸른 하늘빛
볼에 닿으면
젖은 눈동자를 들어
나를 바라볼까

울음으로 볼까
웃음으로 볼까

울다가 그친
웃음으로 볼까

하늘 푸르른 날에는
그 빛을 등불 삼아
기억 밖 너머
멀리로 멀리로
떠나가 보자

투명한 사람

투명한 사람이 좋다
투명한 사람이 되고 싶다

맑고 순수함도 착함도 아닌 투명
거짓말도 결점도 못된 구석도
훤히 들여다보이는 사람
마음이 말이고 말이 글인 사람
나와 비슷한지 얼마나 다른지
편히 들여다보이는 사람
바람이 오면 바람이 지나고
빛이 오면 빛이 지나는 사람

하얀 캔버스가 그림이 아니듯
하얀 원고지가 글이 아니듯
살아오면서 적당히
오염도 되고 풍파도 겪은
그 이야기가 그대로 묻어나는 사람
세월이 그렇게 만들어 온 사람

투명해야 이웃도
부족함을 알고 채워주고
하나님도
사하실 죄를 정확히 집어내신다

한 줌 바람이 커튼을 흔들면

한 줌 바람이 커튼을 흔들면
창가에 머물러봐
그 바람 어디에서 와서
무얼 전해 주는지
기억하여야 할 이야기들을
잊고 있는 건 아닌지
귀를 기울여봐
누군가 부르는 소리인지

내리는 비가 빗소리를 전하듯
한 줌 바람에도 이유가 있어
커튼이 흔들리면
창밖을 내어다봐
잊혀진 누군가가
먼 길을 돌아오고 있는지
눈을 감아봐
어디쯤 오고 있는지

항금리 첫눈

항금리에 내리는 눈은
강을 보며 내려요
숲으로 내려요

오롯하게
지붕 위와 마당에 내려요

똑같이 내려요

세모 지붕 네모 지붕
동그란 마당 긴 마당
옹기종기 하니까요
오손도손 하니까요

눈송이들은 모두
항금리에 내리고 싶어해요

(이윤희, 주병권)

햇빛과 그림자

그대는 햇빛 나는 그림자
그대가 있기에 나도 있습니다

그대가 밝고 화사하면
나도 또렷해집니다

그대가 휘청이면
나도 함께 휘청입니다

그대가 멀리 산 너머로 떠나면
아! 나도 어둠에 잠깁니다

그대가 오기를 기다리며
침묵과 고요가 됩니다

그대는 햇빛 나는 그림자

행 복

꽃 한 송이
웃음 한 조각
칭찬 한마디

행복의 가격
참 싸다

향수

모두가 지난 꿈이라고
거친 손을 잡고 울던 날
낡은 지붕 위로
떠가는 구름을 바라보았네

한 시절은 멀어지고
새로운 날들이 다가오면
차마 사라지지 못하고
여전히 남은 옛날이여

그림자를 밟고 돌아와
인적 없는 처마 아래에 서면
그날 그 바람이런가
옷깃을 스쳐 지나네